BEI GRIN MACHT SICH IHR WISSEN BEZAHLT

- Wir veröffentlichen Ihre Hausarbeit, Bachelor- und Masterarbeit

- Ihr eigenes eBook und Buch - weltweit in allen wichtigen Shops

- Verdienen Sie an jedem Verkauf

Jetzt bei www.GRIN.com hochladen und kostenlos publizieren

Bibliografische Information der Deutschen Nationalbibliothek:

Die Deutsche Bibliothek verzeichnet diese Publikation in der Deutschen Nationalbibliografie; detaillierte bibliografische Daten sind im Internet über http://dnb.d-nb.de/ abrufbar.

Dieses Werk sowie alle darin enthaltenen einzelnen Beiträge und Abbildungen sind urheberrechtlich geschützt. Jede Verwertung, die nicht ausdrücklich vom Urheberrechtsschutz zugelassen ist, bedarf der vorherigen Zustimmung des Verlages. Das gilt insbesondere für Vervielfältigungen, Bearbeitungen, Übersetzungen, Mikroverfilmungen, Auswertungen durch Datenbanken und für die Einspeicherung und Verarbeitung in elektronische Systeme. Alle Rechte, auch die des auszugsweisen Nachdrucks, der fotomechanischen Wiedergabe (einschließlich Mikrokopie) sowie der Auswertung durch Datenbanken oder ähnliche Einrichtungen, vorbehalten.

Impressum:

Copyright © 2010 GRIN Verlag
Druck und Bindung: Books on Demand GmbH, Norderstedt Germany
ISBN: 9783668729254

Dieses Buch bei GRIN:

https://www.grin.com/document/429272

Tobias Tegge

Drei Essays zur Dialektik der Aufklärung

Positivismus, Kulturindustrie und kulturelle Moderne

GRIN Verlag

GRIN - Your knowledge has value

Der GRIN Verlag publiziert seit 1998 wissenschaftliche Arbeiten von Studenten, Hochschullehrern und anderen Akademikern als eBook und gedrucktes Buch. Die Verlagswebsite www.grin.com ist die ideale Plattform zur Veröffentlichung von Hausarbeiten, Abschlussarbeiten, wissenschaftlichen Aufsätzen, Dissertationen und Fachbüchern.

Besuchen Sie uns im Internet:

http://www.grin.com/

http://www.facebook.com/grincom

http://www.twitter.com/grin_com

Das Verständnis des Positivismus in der Dialektik der Aufklärung

Johann Wolfgang Goethe-Universität
Frankfurt am Main
Institut für Philosophie
AM 3b Dialektik der Aufklärung
Verfasst von Tobias Tegge

Im Folgenden werde ich den Fragen nachgehen, was Theodor W. Adorno und Max Horkheimer unter „Positivismus" verstehe und was sie daran kritisieren, dann das sind zwei der zentralen Punkte der Dialektik der Aufklärung, denen ich bisher wenig Beachtung geschenkt habe und die mir daher bis jetzt fast gänzlich verschlossen waren.

Zuerst frage ich mich, was ist Positivismus allgemein? Aus dem Eintrag im Philosophischen Wörterbuch geht hervor, dass der Positivismus eine philosophische Grundhaltung ist, in der angenommen wird, dass alle Erkenntnis aus dem Gegebenen gewonnen werden kann, also aus dem, was ist.[1] Darüber hinaus steht an angegebenem Ort noch wesentlich mehr über den Positivismus. Das lasse ich im Folgenden aber unbeachtet, weil allein damit die Länge des Essays wohl ausgeschöpft wäre. Diese Aussage zum Positivismus zweifle ich nicht an, sie stammt aus dem philosophischen Wörterbuch und klingt plausibel, obgleich dessen in meinem Besitz befindliche Ausgabe etwas in die Jahre gekommen ist.

Im zweiten Schritt nun schaue ich, wo, in welchem Zusammenhang und wie Adorno und Horkheimer den Begriff in der „Dialektik der Aufklärung" verwenden.[2] Außerdem, damit das Nachblättern nicht umsonst war, vergleiche ich diese Passagen mit der oben genannten Aussage über den Positivismus.

Schon auf der ersten Seite (der Fischer-Ausgabe), in der „Vorrede" fällt der Begriff. Dort heißt es:

„Bildet die aufmerksame Prüfung und Pflege der wissenschaftlichen Überlieferung, besonders dort, wo sie von positivistischen Reinigern als nutzloser Ballast dem Vergessen überantwortet wird, ein Moment der Erkenntnis, so ist dafür im gegenwärtigen Zusammenbruch der bürgerlichen Zivilisation nicht bloß der Betrieb sondern der Sinn von

---

1 Positivismus. In: Philosophisches Wörterbuch, Bd. 2; Hrsg. Georg Klaus & Manfred Buhr, VEB Bibliographisches Institut Leipzig, 6. Auflage, 1969
2 Ich beziehe mich auf die Ausgabe:
Theodor W. Adorno/ Max Horkheimer: Dialektik der Aufklärung. Philosophische Fragmente. Fischer Verlag, Frankfurt am Main, 19. Auflage, 2010

Wissenschaft fraglich geworden."³

Bereits hier entsteht der Eindruck, dass der Positivismus wenigstens aus der Perspektive des Wissenschaftlers etwas falsches, schlechtes oder zumindest nicht gutes sei. Denn das Moment der Erkenntnis bildet sich und ist dort, wo die positivistischen Reiniger, also wohl die Positivisten selbst, sie nicht beachten. Sie entsteht, ohne dass Positivisten darauf aktiv Einfluss nehmen. Hinzu kommt, dass der Begriff „Reiniger" sicherlich für Adorno und Horkheimer, als Flüchtlinge im Zweiten Weltkrieg, negativ konnotiert war, oder verwendet werden konnte. Der Begriff „Reiniger" hängt semantisch eng mit dem Begriff „Säuberung" zusammen, der als Synonym für die systematische Tötung von Juden verwendet wurde. Bezieht man die Wörterbuch-Aussage mit ein, so ergibt sich ein performativer Widerspruch. Der Positivist, der auf der Suche nach Erkenntnis ist, sortiert genau das aus, was ihn zur Erkenntnis führen kann.

Danach wird der Begriff des Positivismus erst wieder aufgegriffen, als Adorno und Horkheimer schreiben: *„Die reine Immanenz des Positivismus, ihr letztes Produkt, ist nichts anderes als ein gleichsam universales Tabu."*⁴ Um diesen Satz zu verstehen, muss aber erst der Kontext geklärt werden. Das „ihr" steht für die im vorangegangenen Satz genannte Aufklärung, das Tabu wird, zumindest im Ansatz, nach dem zitierten Satz geklärt. Das universale Tabu besteht darin, dass *„überhaupt nichts mehr draußen sein"* darf. Warum das so ist, darauf kann ich hier aus Platz- und Zeitgründen keine Antwort geben, nicht mal einen Ansatz kann ich versuchen. Der Positivismus ist also immanent, was auf die Aufklärung zurückzuführen ist, und diese Immanenz besteht darin, alles, was außerhalb des Positivismus ist, zu leugnen und die *„Quelle der Angst"* versiegen zu lassen. Diese Quelle wiederum besteht in der *„Vorstellung des Draußen"*.

*„Wissenschaft, in ihrer neopositivistischen Interpretation, wird zum Ästhetizismus, zum System abgelöster Zeichen, bar jeglicher Intention, die das System transzendiert: zu jenem Spiel, als welches die Mathematiker ihre Sache schon längst stolz deklarieren. Die Kunst integraler Abbildlichkeit aber verschrieb sich bis in ihre Techniken der positivistischen Wissenschaft."*⁵

Die neopositivistisch interpretierte Wissenschaft wird also zu einem System von Zeichen, die von der Welt abgelöst sind (wie im Anschluss an das Zitat ausgeführt wird). Dieses System kann Adornos und Horkheimers Ansicht nach jedoch auch nicht erweitert werden, oder sonst irgendwie über sich selbst hinauswachsen. In Bezug auf Erkenntnis, um diese wieder aufzugreifen, ist das insofern problematisch, dass diese so interpretierte Wissenschaft nichts neues erkennen kann,

---

3 Adorno/Horkheimer: a.a.O., S. 1
4 Adorno/Horkheimer: a.a.O., S. 22
5 Adorno/Horkheimer: a.a.O., S. 24

sondern im Grunde nur das, was in diesem System schon enthalten ist. Sofern es also, und das scheinen Adorno und Horkheimer anzunehmen, noch etwas gibt, dass erkannt werden kann, ist dies im Positivismus nicht möglich.

Wenig später in der „Dialektik der Aufklärung" folgt die Aussage: *„Platon verbannte die Dichtung mit der gleichen Geste wie der Positivismus die Ideenlehre."* Offensichtlich wird Platon hier mit dem Positivismus gleich-, ihm aber auch entgegengesetzt. Zwar habe ich in den Kontext geschaut, wo zum einen erklärt wird, mit welchen Argumenten Platon die Dichtung verbannt hat. Die Dichtung habe keinen praktischen Nutzen, weil sie keine Reformen durchsetze und mit ihr keine Kriegsführung möglich sei. Der Positivismus spricht ebenso der Ideenlehre ihren Nutzen ab, weil die Ideen nicht durch Wahrnehmung erfasst werden können. Zum anderen wird vorher gesagt, dass die Philosophie sich meistens auf die Seite stellt, von der sie den Namen hat. Auf den zitierten Satz angewendet würde das bedeuten, dass die Philosophie sich in dem einen Fall auf die Seite Platons stelle und im anderen Fall auf die Seite des Positivismus und damit gegen Platon oder, stellvertretend, seine Ideenlehre. Dann ist mir aber nicht klar, inwiefern der Positivismus ihr ihren Namen gegeben hat. Wahrscheinlich wird der Bezeichnung „Name" hier eine Bedeutung beigemessen, die mir verborgen bleibt, auf die der Text aber an irgendeiner Stelle deutlich hinweist.

Die nächste ausführlichere Aussage direkt über den Positivismus ist:

„Dem Positivismus, der das Richteramt der aufgeklärten Vernunft antrat, gilt in intelligible Welten auszuschweifen nicht mehr bloß als verboten, sondern als sinnloses Geplapper. Er braucht – zu seinem Glück – nicht atheistisch zu sein, weil das versachlichte Denken nicht einmal die Frage stellen kann."[6]

Der Positivismus hat, warum auch immer, das Richteramt der aufgeklärten Vernunft inne. Er bestimmt, dass das Ausschweifen in nicht erkennbare Welten, das aufstellen sie betreffender Theorien nicht verboten ist, sondern sinnlos. Es besteht also nicht die Möglichkeit, (so verstehe ich das zumindest,) auszuschweifen und damit etwas falsches zu machen, sondern es ist sinnlos und geht im System der positivistischen Wissenschaft einfach nicht. Deshalb kann man auch nicht die Frage stellen, das System hinterfragen (im Positivismus), womit wir wieder bei der Aussage wären, dass es keine Intention innerhalb des Systems gibt, die das System transzendiert.

„Der Positivismus, der schließlich auch vor dem Hirngespinst im wörtlichsten Sinne, Denken selber, nicht Halt machte, hat noch die letzte unterbrechende Instanz zwischen individueller Handlung und gesellschaftlicher Norm beseitigt."[7]

Wie es auch schon zuvor war, liegt der Kontext vor und hinter dem Zitat nicht im Bereich meines

---

6   Adorno/Horkheimer: a.a.O., S. 32
7   Adorno/Horkheimer: a.a.O., S. 36

Verständnisses. Es wird also, das geschieht praktischerweise alles auf derselben Seite, davon geredet, dass die Subjektivität abgeschafft wird, um desto hemmungsloser zu walten, vorher davon, dass das „*transzendentale Subjekt der Erkenntnis als die letzte Erinnerung an Subjektivität selbst*" abgeschafft wird und nach dem Zitat kommen die Autoren zu dem Schluss, dass der „*technische Prozeß, zu dem das Subjekt nach seiner Tilgung aus dem Bewußtsein sich versachlicht hat,*" frei von aller Bedeutung ist. Ich bin lediglich auf den Gedanken gekommen, dass all das Auflösen, Tilgen und Bedeutung verlieren dem Positivismus zugeschrieben wird, bzw. dass er als Ursache dafür angesehen wird. Dem Zitat entnehme ich, dass der Positivismus nach Adorno und Horkheimer das Denken selbst als Hirngespinst, als etwas, das nicht empirisch erfassbar ist, vielleicht kein Gegenstand in der Welt ist, genau deshalb getilgt wird. Das Denken aber war die letzte unterbrechende Instanz zwischen individueller Handlung und gesellschaftlicher Norm. Die Handlung ist dann gleich der Norm und die Norm gleich der Handlung, es wird nicht reflektiert, ob eine Handlung nach subjektivem Empfinden gut ist und ob sie als solche der Norm entspricht. Es wird nicht gefragt, warum da eine Diskrepanz ist, falls eine solche da ist, existiert.

In einem letzten Schritt schau ich zurück auf die Fäden, die ich aus den Zitaten gezogen habe und versuche, indem ich sie zusammenknüpfe, etwas über den Positivismus in der „Dialektik der Aufklärung" zu sagen, oder eher die Aussagen zusammenzufassen.

Der Positivismus, nach Auffassung Adornos und Horkheimers, tilgt die Möglichkeit zur Erkenntnis, zur Reflexion, zum Denken selbst. Die Definition, die ich aus dem Wörterbuch hier herangetragen habe, ist zu allgemein. Meines Erachtens beziehen Adorno und Horkheimer sich zumindest überwiegend auf den Neopositivismus, der nur Erkenntnis aus Wahrnehmung und aus logischer Folgerung aus diesen Wahrnehmungen als Erkenntnis anerkennt. Zusammenfassend kann man damit wohl auch guten Gewissens sagen, dass der Positivismus von ihnen als negative Entwicklung betrachtet wird.

Diese Aussage muss ich aber in gewissem Sinne sofort wieder relativieren, wenn ich zur Frage zurückkomme, was die Herren am Positivismus kritisieren. Ich denke nämlich, dass in erster Linie das Immanente, das Hermetische am Positivismus kritisiert wird. Der Positivismus lässt ihrer Auffassung nach keine Erweiterung zu, verhindert die Frage danach, ob nicht vielleicht doch etwas außerhalb des Wahrnehmbaren existiert. Er lässt nicht zu, dass er infrage gestellt wird und beendet somit die Aufklärung, lässt sie in gewissem Sinne ab einem bestimmten Punkt scheitern, indem sie sich, ebenfalls nach Adornos und Horkheimers Ansicht vollendet.

Im Grunde ist die Aufgabe des Essays aber meiner Meinung nach an dieser Stelle noch nicht zu ende. Mit mehr Zeit und Platz im Gepäck sollte man sich auch damit beschäftigen, was im allgemeinen zur Zeit der Entstehung der „Dialektik der Aufklärung" unter Positivismus verstanden wurde, denn Adorno und Horkheimer bemühen sich in ihrem Werk sehr, das Erbe aufzuzeigen, das sie antreten, indem sie ein Vokabular verwenden, das ohne entsprechendes Hintergrundwissen schwer verständlich ist. Sie beziehen sich unter anderem auf Kant, Nietzsche, Marx und Hegel als ihre Vorgänger. Genauso müsste der Begriff des Positivismus einen Querverweis zu anderen Philosophen darstellen.

Zur „Kulturindustrie" in der „Dialektik der Aufklärung"

Einleitung

Der Inhalt dieses Essays besteht in einer Auseinandersetzung mit dem Begriff der „Kulturindustrie", wie ihn Theodor W. Adorno und Max Horkheimer in ihrem Werk „Dialektik der Aufklärung" verwenden. Dafür werden zuerst einige Eigenschaften oder Kennzeichen erläutert, die Adorno und Horkheimer dem Begriff zuschreiben, um den Begriff im zweiten Teil zu diskutieren.

1. Der Begriff der Kulturindustrie

Als Ausdruck der Kultur in der Zeit um 1944 unserer Zeitrechnung betrachten Adorno und Horkheimer unter anderem „Film, Radio, Magazine", Architektur[8] und Short Stories[9]. Diese Ausdrucksformen sind es, welche sie während ihrer Auseinandersetzung mit der Kulturindustrie analysieren. Entgegen der soziologischen Ansicht, dass die Kultur ihrer Zeit sich durch Chaos auszeichne, vertreten Adorno und Horkheimer die Auffassung, dass der Kultur ein System zugrunde liege. Die Planmäßigkeit der „emporschießenden hellen Monumentalbauten" beispielsweise spiegelt die in ihnen sitzenden, planmäßig handelnden Konzerne wider.

„Von Interessenten", meinen Adorno und Horkheimer, „wird die Kulturindustrie gern technologisch erklärt."[10] Durch die Nachfrage von Millionen und dem Ziel, diese zu befriedigen, seien „Reproduktionsverfahren" notwendig, die eine solche Masse an Gütern herstellen können. Diese wiederum sähen eine Vereinfachung und somit ein Angleichen der Kunstgegenstände aneinander vor. Das „Bedürfnis", die Nachfrage sei also Grundlage der Vereinfachung oder auch Massenproduktion, denn das ist es, wenn Kulturgüter für Millionen bereitgestellt werden. Deshalb werde die Vereinfachung akzeptiert. Adorno und Horkheimer aber grenzen sich gegen die Interessenten ab. Denn obwohl sie ihre Stellungnahme mit der Phrase „in der Tat" beginnen, legen sie direkt danach dem Bedürfnis eine „Manipulation" zugrunde, weshalb das Bedürfnis ein rückwirkendes ist. Außerdem sind sie der Ansicht, dass durch die Macht, die die Technik „über die Gesellschaft gewinnt", auch die „ökonomisch Stärksten" Macht über die Gesellschaft gewinnen. Nun ist die Frage, *worin* die Manipulation des Bedürfnisses besteht. Dazu scheinen Adorno und Horkheimer zu sagen, dass „die Verfassung des Publikums, die (…) das System begünstigt," ein

---

8 Theodor W. Adorno/ Max Horkheimer: Dialektik der Aufklärung. Philosophische Fragmente. Fischer Verlag, Frankfurt am Main, 19. Auflage, 2010. S. 128.
9 A.a.O. S. 133.
10 A.a.O. S. 129.

„Teil des Systems" ist. Das könnte bedeuten, dass das Bedürfnis der Konsumenten auf das Angebot an schematisierten Kulturgütern zurückzuführen ist. Auf der einen Seite führt aber das bloße Angebot einer Ware nicht zwingend dazu, dass der Konsument ein Bedürfnis dafür entwickelt. Auf der anderen Seite geht die Gegenposition bei ihrer Erklärung nicht von einem Bedürfnis nach schematisierten Kulturgütern aus, sondern von einem großen Bedürfnis nach Kulturgütern, weshalb als Notlösung diese standardisiert werden.

Sie greifen auch wieder die Gegenüberstellung von männlichem und weiblichem auf. In den Produkten der Kulturindustrie bekommt die Geliebte „zuträgliche Prügel" vom männlichen Star, der Mann wird als „rüde" und spröde charakterisiert, sie ist eine „verwöhnte Erbin".[11] Wieder ist das Männliche der unterdrückende und erziehende Teil, außerdem gewaltsam. Dass sie als Erbin bezeichnet wird, verweist darauf, dass sie nicht arbeitet.

Adorno und Horkheimer zufolge wird die Welt durch die Kulturindustrie gefiltert.[12] Im Kinofilm als Produkt der Kulturindustrie wird die empirisch erfassbare Welt gedoppelt. Darüber hinaus wird dem Menschen das Denken abgenommen, abgewöhnt, indem jegliche Leistung, die für das Schauen eines Films benötigt wird, ihm durch andere Filme oder das Nutzen anderer Kulturgüter antrainiert wird.

An der Kulturindustrie machen Adorno und Horkheimer, wie an der Aufklärung überhaupt, einen Aspekt aus, in dem der Mensch verstümmelt wird.[13] Sie stimuliert den Menschen und ruft in ihm eine „Vorlust" hervor. Diese Vorlust versagt sich der Mensch gewohnheitsmäßig und tut sich somit wieder selbst Gewalt an. Auch dies betrachten Adorno und Horkheimer als Betrug am Menschen, weil er durch das System der Versagung nicht entrinnen kann und die Lust entsprechend nie befriedigt wird.

2. Auseinandersetzung mit der Kulturindustrie

Die Kulturindustrie wird von Adorno und Horkheimer als negativ angesehen und auch so dargestellt. An zahlreichen Stellen wird sie mit Zuständen kurz vor dem Zweiten Weltkrieg und währenddessen verglichen[14], in ihr erklären sich bestimmte Instanzen (die ökonomisch Stärkeren) zu Herrschern und sie ist ein positivistisches Phänomen.

---

11 A.a.O. S. 133.
12 A.a.O. S. 134.
13 A.a.O. S. 148.
14 Ein Beispiel dafür ist a.a.O. S. 158.

Der Begriff wird meiner Ansicht nach nicht klar definiert. Es gibt keinen konkreten Zeitpunkt oder Zeitraum, zu dem der Beginn, die Entstehung der Kulturindustrie angesiedelt wird. Mögliche Punkte sind die Entstehung des Films oder die Entstehung des Radios. Eine frühe Form des Trickfilms wir jedoch noch vom Rationalismus der Kulturindustrie abgegrenzt, vielleicht aber nicht von der Kulturindustrie als Ganzes.[15]

Es ist wahrscheinlich unbestreitbar, dass Adorno und Horkheimer mit dem Begriff ausdrücken wollen, dass Kultur heute ein Ausdruck der Wirtschaft ist, die Gegenstände und die Umstände, die eine Kultur ausmachen, werden zur „Kulturware".[16]

Warum ist das kulturelle Zurschaustellen eines „Busen[s] im Sweater" ein Phänomen der Kulturindustrie und der Massenproduktion? Genauso gut, wie das Motiv in einem Film gezeigt wird, hätte es (wenn man vom zeitlichen Problem absieht) vor der Kulturindustrialisierung von einem Maler verwendet werden können. Oder löst der Busen nur im Kontext Masochismus aus? Ist der Masochismus von der Intention des Szenenschöpfers abhängig? Der Maler, der nicht publikumsorientiert arbeitet, nimmt sich das Motiv, um etwas bestimmtes auszudrücken oder darzustellen, vielleicht auch auszulösen und dann muss es genau dieses Motiv sein. Woher aber wollen Adorno und Horkheimer in dem Fall wissen, dass der Regisseur nicht dieselben Gedanken hat?

Ich stimme Adorno und Horkheimer darin zu, dass in unserer heutigen Kultur viele Schemata verwendet werden und wann immer eine Neuerung kommt, wird dieses Neue auf seine Struktur hin untersucht, um so ein Schema für ähnliche Güter zu entwickeln. Diese Neuerung, auf der die Kopien basieren, kommt aber, was dem von Adorno und Horkheimer dargestellten System widerspricht. Möglicherweise lässt sich zeigen, dass diese Neuerungen im Grunde auch wieder nur auf einem Schema basieren, zum Beispiel dem Aufbau Anfang-Mitte-Schluss. Ich bin der Meinung, dass eine derartige Schematisierung das Werk zu sehr reduziert. Heute gibt es viele Filme, Lieder und Bücher, die sich stark voneinander unterscheiden. Seit den 1960er und 1970er Jahren entstehen auch viele Experimentalfilme, in denen verschiedene Möglichkeiten ausprobiert werden und die nicht zum Ziel haben, einem Massenpublikum zu gefallen, sondern neue Möglichkeiten zu finden, einen Film zu erzählen. Sicherlich sind diese Filme indirekt unter anderem auf die Gedanken Adornos und Horkheimers zurückzuführen.

---

15 A.a.O. S. 146.
16 A.a.O. S. 176.

Essay zur Behandlung der kulturellen Moderne in der „Dialektik der Aufklärung" und deren Unterwsuchung durch Habermas

Jürgen Habermas vertritt in der fünften Vorlesung zum philosophischen Diskurs der Moderne die These, dass die Dialektik der Aufklärung „wesentliche Züge der kulturellen Moderne nicht berücksichtigt".[17] Diese These möchte ich im Folgenden diskutieren und beginne mit der Analyse dessen, was nach Habermas' Meinung diese wesentlichen Züge überhaupt sind.

Diese Analyse gestaltet sich einfach, denn Habermas nennt die Züge selbst, bevor er seine These formuliert. Ihm zufolge zeichnet sich die kulturelle Moderne im Wesentlichen durch eine „theoretische Eigendynamik" der Wissenschaft, universalistische „Grundlagen von Recht und Moral" sowie eine „Produktivität und Sprengkraft ästhetischer Grunderfahrungen" aus.[18] Diese bezeichnet er als „bürgerliche(n) Ideale(n)", die den „vernünftigen Gehalt" der Moderne festhalten und Mittel zu dessen Instrumentalisierung sind.[19]

Inwiefern kann man nun der Ansicht sein, dass diese Punkte nicht von der „Dialektik der Aufklärung" berücksichtigt werden? Habermas selbst gibt auf diese Frage keine direkte Antwort. Es ist aber hilfreich, sich zu vergegenwärtigen, was diese Ideale nach Habermas ausmacht. Leider geht er darauf nur kurz ein. Er ist sich im Klaren darüber, nur „Stichworte" zu liefern, doch schon damit lässt sich arbeiten.

Die theoretische Eigendynamik, die Habermas in den Wissenschaften erkennt, führt selbige nicht bloß zu technisch verwertbarem Wissen, sondern treibt sie darüber hinaus. Ein Widerspruch in der Auffassung der „Dialektik der Aufklärung" hierzu lässt sich aus der vor allem im Kapitel „Kulturindustrie – Aufklärung als Massenbetrug" behandelten Diagnose ableiten, dass die moderne Gesellschaft insgesamt auf wirtschaftliche Massenproduktion ausgerichtet ist.[20]
Gegen die Berücksichtigung universalistischer Grundlagen von Recht und Moral spricht die Ansicht Adornos und Horkheimers, dass der Positivismus „das Richteramt" innehat und alles Denken somit

---

17 Jürgen Habermas: Die Verschlingung von Mythos und Aufklärung: Horkheimer und Adorno. In ders.: Der philosophische Diskurs der Moderne. Zwölf Vorlesungen, Frankfurt am Main 1988, S. 138.
18 Ebenda.
19 Habermas, S. 137-138.
20 Theodor W. Adorno/ Max Horkheimer: Dialektik der Aufklärung. Philosophische Fragmente. Fischer Verlag, Frankfurt am Main, 19. Auflage, 2010, S. 128-176.

„versachlicht" ist.[21] Ferner ist die von Habermas erkannte „Identitätsbildung" problematisch, denn Adorno und Horkheimer sehen die Identität im Schwinden begriffen. Produktivität und sprengende Kraft ästhetischer Grunderfahrungen erlangt nach Habermas eine „Subjektivität", die von „Imperativen der Zwecktätigkeit und von Konventionen der alltäglichen Wahrnehmung" befreit ist.[22] Diese Kraft kann es nach Adorno und Horkheimer nicht geben, denn am Beispiel des Films erklären diese, dass das Kunstwerk in der Kulturindustrie, den Betrachter dahingehend täuscht, dass dieser glaubt, „die Welt draußen" sei die „bruchlose Verlängerung derer (…), die man im Lichtspielhaus kennenlernt".[23] Die Welt, die der Betrachter wahrnimmt, wenn er kein Kunstwerk betrachtet, scheint ihm identisch mit der Welt, die er bei der Betrachtung des Kunstwerkes wahrnimmt. Das bedeutet, einen Bruch mit der Konvention der alltäglichen Wahrnehmung kann es nicht geben. Dieser letzte Punkt wird also von Adorno und Horkheimer nicht berücksichtigt, da sie ihm Existenz absprechen.

Auf die Vorwürfe Habermas' lässt sich aber auch einiges erwidern. Zuerst lässt sich sagen, dass Adorno und Horkheimer sich allgemein mit Neuerungen in der kulturellen Moderne auseinandersetzen, zum Beispiel mit dem Radio, Sturzkampfflugzeugen und der Fernsteuerung als Errungenschaften der Wissenschaft.[24] Für sie sind diese Neuerungen jedoch im Grunde nur Verbesserungen bereits dagewesener Erfindungen (des Buchdrucks, der Artillerie, des Kompasses), die uns nur als neu erscheinen.

Außerdem ist infrage zu stellen, ob die theoretische Eigendynamik der Wissenschaft tatsächlich zu Wissen führt, das nicht technisch oder kommerziell verwertbar ist, ob es also kein zweckgebundenes Wissen ist. Dafür müssten Beispiele geprüft werden, in denen wir Wissen vermuten, das nicht in dieser Hinsicht zweckgebunden ist, Habermas nennt aber keine.

Die universalen Grundlagen von Recht und Moral gibt es. Gleichberechtigung und Erhaltung von Leben sind solche Grundlagen. Fraglich ist aber, ob diese Grundlagen nicht bloß deshalb existieren, weil sie uns das Leben erleichtern, die Produktion oder den Absatz von Waren erhöhen, denn dies werfen Adorno und Horkheimer dem Positivismus und der Kulturindustrie vor.

Genauso stellt sich letztlich die Frage, ob es die Produktivität und die sprengende Kraft ästhetischer Grunderfahrungen gibt. Dafür muss zuerst gefragt werden, was ästhetische Grunderfahrungen sind, denn wenn man diese nicht identifizieren kann, kann man ihnen auch schwer Produktivität und Kraft nachweisen. Aus der Vorlesung geht einzig hervor, dass diese Erfahrung etwas ist, dass einer

---

21 Adorno/ Horkheimer, S. 32.
22 Habermas, S. 138.
23 Adorno/ Horkheimer, S. 134.
24 Adorno/ Horkheimer, S. 10.

Subjektivität durch deren eigene Dezentrierung abgewonnen wird.[25] Diese Subjektivität muss dafür wiederum von Imperativen der Zwecktätigkeit und Konventionen alltäglicher Wahrnehmung freigesetzt sein. Die Subjektivität erfährt also nicht, sondern erzeugt nur Erfahrung, weshalb sie das Kunstwerk selbst sein muss, denn darüber hinaus kämen nur Betrachter und Schöpfer des Kunstwerks in Betracht, die allerdings beide durch Umgang mit dem Kunstwerk Erfahrung erlangen können. Das Kunstwerk erzeugt also ästhetische Grunderfahrung. Woran erkennt man aber diese ästhetische Grunderfahrung? Weiß man, dass man sie besitzt, sobald man das Kunstwerk betrachtet? Das geht aus dem Text nicht hervor.

Andere Fragen sind, wie diese Erfahrung Produktivität und sprengende Kraft auslösen kann und was diese Kraft überhaupt ist. Ich persönlich glaube, die Kraft schon mal gefühlt zu haben, wegen fehlender Definition kann ich mir aber nicht sicher sein. Schließlich weiß ich nicht einmal, ob sie, so wie Habermas sie versteht, gefühlt werden kann. Davon abgesehen ist dieses „Fühlen" nicht identisch mit dem Fühlen durch Ertasten oder generell dadurch, dass ein Gegenstand die Haut, den Körper, die Nerven berührt. Ich müsste also auch die Art des Gefühls näher erläutern.

Ich bin geneigt, Habermas in seinen Ansichten zuzustimmen, eine sichere Position besitzen sie aber nicht. Habermas lässt einfach zu viele Fragen offen, teilweise sehr komplizierte Fragen, die nicht in kurzer Zeit beantwortet werden können, die vielleicht momentan überhaupt nicht und von niemandem ausfüllend beantwortet werden können. Warum bin ich geneigt Habermas zuzustimmen? Die „Dialektik der Aufklärung" ist auch meiner Ansicht nach inkonsistent in ihrer Theorie. Sie lässt scheinbar keinen Platz für eine Veränderung in der Philosophie, die zur kritischen Betrachtung der Aufklärung und des Positivismus führt. Genau das hat aber das Buch Adornos und Horkheimers bewirkt, dabei erscheinen die Konklusionen Adornos und Horkheimers ansonsten schlüssig. Deshalb ist die Vermutung naheliegend, dass die beiden Philosophen in ihrer Gesellschaftsanalyse etwas übersehen haben.

Zusätzlich scheinen sie das schöpferische Potential der modernen Kultur zu stark zu reduzieren, indem es sie auf ständige Reproduktion und geringfügige Anpassung an den Geschmack der Masse reduzieren.

Außerdem lässt sich Habermas, so wenig seine Ansicht auch ausgeführt ist, nicht in allen Punkten widerlegen, möglicherweise gerade weil es seiner These an Ausführung fehlt, vielleicht aber auch

---

25 Habermas, S. 138.

nicht. Wenn ich mich stärker mit der These auseinandersetzen möchte, um sie irgendwann unbesorgt annehmen oder verwerfen zu können, werde ich mich näher mit seinen Texten beschäftigen müssen in der Hoffnung, dass er den Gedanken zu einem späteren Zeitpunkt aufgreift. Genauso erachte ich eine eingehendere Analyse der Theorie Adornos und Horkheimers für wichtig, um neben anderem eine Möglichkeit zu finden, diese mit Habermas' Einwand in Einklang zu bringen, sofern dieser sich überzeugend ausbauen lässt. Natürlich ist daneben zu prüfen, welche weiteren Einwände es gegen die „Dialektik der Aufklärung" gibt.

BEI GRIN MACHT SICH IHR WISSEN BEZAHLT

- Wir veröffentlichen Ihre Hausarbeit, Bachelor- und Masterarbeit

- Ihr eigenes eBook und Buch - weltweit in allen wichtigen Shops

- Verdienen Sie an jedem Verkauf

Jetzt bei www.GRIN.com hochladen und kostenlos publizieren